Madelín Zeida

Entre el cielo y el mar

Tra il cielo e il mare

♦

EDIZIONI WE

Foto di copertina di Nicola Bergamaschi

ISBN 979-12-5497-109-3

Via Paulli 10/A – 26015 – Soresina (CR)

www.clickpertutti.com
www.edizioniwe.com
www.facebook.com/edizioniwe
www.instagram.com/edizioniwe
info@edizioniwe.com

PREFACIO
por Mario Raso

Muchos versos de Madelín Zeida están inspirados en el mito griego. Estudiosa tanto del arte antiguo como del contemporáneo, no puede dejar de vislumbrar en la poética los sentimientos efusivos de una mujer que casi se siente transportada por los versos homéricos, desde las islas del Caribe hasta las islas del Egeo. En esta colección de 19 obras entre letra y prosa poética, hay una delgada línea de demarcación de Zeida, buscada intencional o inconscientemente por momentos, no es ese el espesor. El caso es que ya desde el inicio del primer poema pretende subrayar la parte interior, Desconocida los signos de una vida, para continuar Entre el sueño y el día ... no te conocí hasta ayer [...] , es siempre la parte oculta imbuida entre los pliegues de los versos, versos que hacen referencia al culto a Deméter tan misterioso como los misterios de las religiones de Oriente Medio. El misterio en la filología poética de la erudita caribeña brilla, a menudo en un tono severo. El atardecer, otro poema más, deja entrar sonidos y ritmo, un ritmo con raíces profundas, arraigado en esa parte oculta del ser, todavía se siente una parte espiritual y una parte que intenta distanciarse y recorre la parte del día, hasta la parte luminosa, el amanecer. Contradanza de la tarde se reanuda desde el cenit, deslizándose lentamente, dando espacio a la sombra agarrándose: dentro y alrededor de la sombra siempre hay una manera de cubrirse temporalmente. Estación florida. Jardines aplazados - aquí en este espacio del alma el aguacero llega de repente, desmiente teorías - el agua no tiene timidez ni reglas - juzga quien la sufre. A lo largo de las páginas se pueden ver letras que en ocasiones se combinan con los silogos y reflexiones de Zeida, en Edad oscura, como toda la poética naturalmente, revela estudios histórico sociológicos antropológicos de fuentes antiguas de las que se buscan respuestas racionales que remiten siempre a la cuna de la civilización helénica, desde Homero a la Ilíada. Cita con la noche, una cita es un encuentro, uno espera a la otra en un espacio de tiempo donde además de la expectativa hay misterio, y la noche escondida por el día, tomada por el vórtice de los sentidos, un deseo que deja una reflexión cuando concertas una cita, te dedicas tiempo personal excluyendo el resto, esperando puntualidad y respuestas a preguntas espontáneas. Alguien me espera, aquí la continuación del ego poético fluye como la sangre corre por las venas en un silencio de vida que impone interrogantes sobre la importancia de que alguien entre en nue-

stras vidas. En este momento este alguien es simplemente un desconocido, frente a este rompecabezas los signos de interrogación son infinitos. El lugar común continúa con severidad, la naturaleza esperando noticias, se refiere al mensajero de los dioses helénicos Mercurio con pies alados, la noche y el inconsciente permanecen en la ignorancia de las presencias, y esto puede estallar como un volcán, cuando se retiene el alma antes, o más tarde explota. 10 Notas para un Catálogo pretende dar como resultado de una investigación, quién busca y quién busca el conocimiento, vemos la poética que pasa del mito al psicoanálisis a la filosofía y las artes, el ritmo de los versos toma la mente, desenganchando y colocándolo en un carrusel de imágenes de sonidos, viéndose, preguntándose. A la gota que cae en el buril se subraya ahora la instrumentalidad de la poesía, instrumento utilizado para definir mejor una obra grabando con mayéutica, como Miguel Ángel al sacar una obra de mármol, subrayando la esencia del poeta animado por la inspiración a pesar de las fuerzas contrarias van triunfando poco a poco, poco a poco, con constancia define los contornos, desechando lo superfluo previamente cubierto por los acontecimientos de la vida. La cascada, la metáfora de la fuerza que trepa. Yo narrador ahora vive y ama y eso es suficiente. La última oración y el primer desencanto, la Palabra el verbo aquí, podemos decir que en esta colección hay el desencanto de la poetisa, tal vez un poco salado, un poco dulzón, pero no necesariamente amargo, por mucho que busque la sacralidad de su lenguaje.

Un poco de bondad lo justifica todo, esa bondad de un corazón probado, busca, describe el cuerpo tomado por la fuerza, tiene la natural necesidad soñada de una bondad recibida en el pasado a la que se le rinde homenaje. El museo fantama viaja conmigo da la imagen de un sentido, por eso elabora el duelo surgido del pasado, mientras que la vanidad del oro, tal vez, lo devuelve a la vida como un fantasma que resurge de la experiencia. Entre cielo y tierra la poesía no se deja encantar, y la mujer se da cuenta, es racional, no busca novedades ni sorpresas, tal vez se resigne.

La isla remota nos devuelve a la creación del hombre narrada por los mitos helénicos, a la primera mujer Pandora, como Prometeo que da fuego-ingenio-tecnología a los hombres, aquí hay un fino velo de esperanza. Los versos que escribí hoy revelan la necesidad humana de exteriorizarse a través de la inspiración, del ser, esa inspiración que no quiere rimas, sino que vuela a pesar de todo. Alexandros es ese Gran hombre que llevó el helenismo a su cima, conquistando lo impensable, muy joven, como Aquiles entró en el mito, pero como hombre entró en la historia. Para concluir El paisaje intenta dar sentido con un lenguaje aún fuerte en su severidad que se concede a sí mismo,

[...] El paisaje es una emanación de la fe ciega del hombre en sí mismo, rodeado de sus caprichos, que se envuelve como una serpiente, en el cuerpo oscuro de la desesperación. El paisaje no somos nosotros como especie, es una civilización que se hunde en su pereza.[..] Esto trae de vuelta la última letra de Zeida.

Mario Raso

PREFAZIONE

di Mario Raso

Molti versi di Madelín Zeida si ispirano al mito ellenico. Studiosa dell'arte antica come contemporanea, non può esimersi e lasciar scorgere nella poetica lo stilare zampillante sentimenti di una donna che quasi si sente traghettata dai versi omerici, dalle isole caraibiche alle isole dell'Egeo. In questa raccolta di 19 opere tra liriche e prose poetiche, c'è una sottile linea di demarcazione di Zeida, voluta cercata intenzionale o inconscia a volte, non è questo lo spessore. Fatto è che già dall'incipit della prima poesia intende sottolineare la parte Sconosciuta interiore, i segni di una vita, per proseguire Dentro il sogno ed il giorno... non ti conoscevo fino a ieri [...], è sempre la parte nascosta intrisa tra le pieghe dei versi, versi che rimandano al culto di Demetra misterioso come i misteri nelle religioni medio orientali. Il mistero nella filologia poetica della studiosa caraibica traspare, sovente con tono severo. Il tramonto
ancora un'altra poesia lascia entrare suoni e ritmo, un ritmo con radici profonde, radicate in quella parte dell'essere nascosta, si sente ancora una parte spirituale e una parte che cerca di estraniarsi e percorre la parte del giorno, sino alla parte luminosa, l'alba. Contraddizioni del pomeriggio riprendono dallo zenit, scivolando lentamente danno spazio all'ombra allungandosi: dentro e intorno all'ombra c'è sempre modo di coprire temporaneamente. Una stazione fiorita e giardini rinviati, ecco in questo spazio di anima l'acquazzone arriva all'improvviso, scardina le teorie - l'acquanon ha timidezza o regole - chi subisce giudica. Lungo le pagine si possono notare delle liriche che si sposano a volte colle sillogi e le riflessioni di Zeida, in Età oscura, come tutta la poetica naturalmente, rivela studi antropologici storici sociologici dalle fonti antiche da cui si cercano risposte razionali che rimandano sempre alla culla della civiltà ellenica, ad Omero all'Iliade. Appuntamento con la notte, un appuntamento è un incontro, uno aspetta l'altra in uno spazio del tempo dove oltre all'aspettativa c'è il mistero, e la notte nascosta dal giorno, presa dai vortici dei sensi, desiderio che lascia una riflessione quando si fissa un appuntamento si ritaglia del tempo personale escludendo il resto, aspettandosi la puntualità e la risposta a domande spontanee. Qualcuno mi aspetta, qui il proseguimento dell'Io poetico scorre come il sangue scorre

dentro le vene in un silenzio della vita che ci impone delle domande sull'importanza che qualcuno entri nella nostra vita. In questo momento questo qualcuno non è che uno straniero sconosciuto, di fronte a questo enigma i punti interrogativi sono infiniti. Il luogo comune continua con severità, indole in attesa di notizie, rimanda al messaggero degli dei ellenici Mercurio dai piedi alati, la notte e l'inconscio restano nell'ignorare presenze, e questo può eruttare come un vulcano, quando si trattiene l'animo prima o poi esplode. 10 Appunti per un catalogo ha l'intenzione di dare a seguito di una ricerca, chi cerca e chi ricerca il sapere, vediamo la poetica che si sposta dal mito alla psicoanalisi alla filosofia e alle arti, il ritmo dei versi prendono la mente, sganciandola e riponendola in un carosello di immagini di suoni, vedersi, chiedersi. Alla goccia che cade sul bulino, adesso si sottolinea la strumentalità della poesia, strumento usato per meglio definire un'opera incidendo con la maieutica, come Michelangelo nello tirar fuori dal marmo un'opera, sottolineando l'essenza del poeta animato dall'estro nonostante le forze contrarie nel riuscire piano, piano con costanza definisce i contorni, scartando il superfluo prima coperto dagli eventi della vita. La cascata, la metafora di forza che scavalca. L' Io narrante, adesso vive e ama e questo è sufficiente. L'ultima frase e il primo disincanto, la parola il verbo ecco, possiamo dire che in questa raccolta c'è il disincanto della poetessa, forse un po' salato un po' dolciastro, ma non necessariamente amaro, tuttavia cerca nel linguaggio la sua sacralità. Un po' di gentilezza giustifica tutto quella gentilezza di un cuore provato, cerca, descrive il corpo preso dalla forza, ha il bisogno naturale sognato di una gentilezza ricevuta in passato cui si rende omaggio. Il museo dei fantasmi viaggia con me - dà un'immagine di un senso, per questo elabora il lutto emerso dal passato, mentre la vanità dell'oro, forse, la fa rivivere come un fantasma che riaffiora dal vissuto. Tra cielo e terra la poesia non si lascia incantare, e la donna realizza, è razionale, non cerca novità o sorprese, magari è rassegnata. L'isola remota ci riporta alla creazione dell'uomo narrata dai miti ellenici, alla prima donna Pandora, come a Prometeo che dona il fuoco-ingegno-tecnologia agli uomini, qui c'è un sottile velo di speranza. I versi che ho scritto oggi rivelano la necessità umana di esternare attraverso l'estro, l'essere, quell'estro che non vuole le rime, ma volare nonostante tutto. Alessandro è quel Grande uomo che ha portato l'ellenismo all'apice, conquistando l'impensabile, giovanissimo, come Achille entrò nel mito, come uomo però entrò nella storia. Per concludere Il paesaggio cerca di dare un senso con un linguaggio ancora forte nella sua severità auto concessa, [...] Il paesaggio è un'emanazione della fede cieca dell'uomo in se stesso, circondato dai suoi capricci, che si avvolge come un serpente nel corpo oscuro della disperazione. Il paesaggio non siamo noi come specie, è una civiltà che sprofonda nella sua pigrizia. [...] Questo riporta l'ultima lirica di Zeida.

Mario Raso

INTRODUCCIÓN

por Madelín Zeida

Entre cielo y mar contiene poemas dedicados al paisaje que miro y el que tal vez nunca existió. Paisaje metafórico de lo que será, primitivos y modernos mitos en poesía libre y prosa poética, se alternan en un volumen que hace una selección de veinte poemas en estrofas de arte menor y mayor.

Breves en su mayoría. En el que confluyen también ciertas lecturas e influencias recurrentes, vida y muerte con sus proximidades míticas. Los griegos homéricos y la obsesión por el pasado evidente de las pasiones humanas que intentan equilibrase, de algún modo, dentro de nuestras preocupaciones cotidianas, que habitan, como espectros, detrás de la apariencia banal y reiterativa del día que se recrea continuamente. Ocupa lo citadino parte en la corriente inconmensurable de la onda, en el trazo de la gota en el papel, en el amargo sabor de una naranjada, en el paladeo inútil de una conjunción que sobra en cualquier frase sencilla, en todas las cosas que no apreciamos, porque ya, dejamos de tener pasiones y tiempo para la audacia de no temer al tiempo.

Madelín *Zeida*

INTRODUZIONE

di Madelín Zeida

Entre cielo y mar contiene poesie dedicate al paesaggio che guardo e che alcune volte non è mai esistito. Paesaggio metaforico di ciò che sarà, primitivi e moderni miti in poesia libera e prosa poetica, si alternano in un volume che fa una selezione di venti poemi in strofa di arte minore e maggiore.

Sono in gran parte brevi e in essi si intrecciano alcune letture e influenze ricorrenti, la vita e la morte con le loro prossimità mitiche. Gli antichi greci omerici e l'ossessione per il passato sono evidenti nelle passioni umane che cercano in qualche modo di bilanciarsi nelle nostre preoccupazioni quotidiane, che abitano come spettri dietro l'apparenza banale e ripetitiva del giorno che si ripete costantemente. La vita cittadina fa parte della corrente incommensurabile dell'onda, nel tracciato della goccia sulla carta, nel sapore amaro di una spremuta d'arancia, nella palpitante inutilità di una congiunzione che è superflua in qualsiasi semplice frase, in tutte le cose che non apprezziamo più, perché abbiamo smesso di avere passioni e tempo per l'ardire di non temere il tempo."

Madelín Zeida

Entre el cielo y el mar
Tra il cielo e il mare

Mi padre, mi madre
y al hombre ideal que un día será mi esposo

A mio padre, a mia madre
e all’uomo ideale che un giorno sarà mio sposo

Poemas en Castellano - Español
Poesie in Castigliano - Spagnolo

Desconocida

Como el final de una línea
de una frase que no está
recae un signo.

Un signo
completamente uncido
al tema final.

Entre el sueño y el día

Hasta ayer no te conocía.
Hoy, es el mismo largo día
que interfiere una espera
honda y oscura
retardada por el misterio
de Deméter, por el tormentoso
temor de alejar los sueños
cuando caen los días,
uno a uno, al morir el sol.

El atardecer

Ladea hombro de anciano que dormita
oscuridad murmullo de raíz.
De la luna pelirroja
acompasa los cometas.
El cielo, cobarde de utopías
retarda los vórtices
de un lucero culpable, chapuceros brochazos.
La luna se retira y acordona zapatillas,
negro chal en el hombro, se compone un ritual
hinchada por las centellas la lluvia la enceguece.
Embriaga a la tarde.
Y se va distanciando del mediante
si este no es el atardecer en engaste de la joya
pregúntale al joyero mayor
a donde se llevó la aurora.

Contradanza de la tarde

Por esas largas tardes blancas
– ensimismadas tardes –
va, caminando la duda.
Cede enemiga gigante,
que florece en el agua.
Un escalador conocido, el señor de las tardanzas:
simplemente miente.

Expira en el vano
pecho de la estancia.
Bromea inconsistentemente
sediento de violines
– entre el ritmo pactado
y el contrapunto de madera
que acaba siempre...
por ser la sombra de su prolongación.

Estación florida. Jardines aplazados

Florece un aguacero y tú no estás más verde,
ni más viejo,
ni más cuerdo,
ni más lógico,
ni más cobarde o terco;
eres un aguacero sin reparos,
incubado en el pasado.
Un aguacero cobarde,
un presupuesto en atasco,
un desafío que evade
por no perecer calmado:
un atajo en desmanes
un centurión del abrazo
que no repara en la muerte,
de cintas y frascos
comprando el precio
de la gota sobre el vaso,
de un violeta moribundo.

Los inmortales valerosamente
toleran la monotonía de ser igual cada día.

Edad oscura

Edad oscura
en un templo
en la siguiente una rueda de alfarero
otra tiene quien hila
la última un trozo de antiguo papel
en ninguna hay escriba,
pero hay papiros y suspiran, lineal A lineal C.
No hay primera vez - no hay primera
no hay locuacidad, ni primavera,
no hay resurgimiento, no hay aldea
en esta oscura edad, o Grecia;
ni poesía, ni duro estaño para reñir
la esfera con la que otros
menos bárbaros desoirán la espera de Troya.

Cita con la noche

Alguien me espera
en la soledad de la noche,
alguien se bebe mis pasos
vigilante e inconsciente.
Alguien, me espera
en la luminosidad del derroche
con un boquete de luz
sibilino en su onda.

Alguien que conoce
mis pasos,
que concibe mi retraso
a la cita del destino.
Tomo un café.
Tengo un encuentro postergado.
Indiferentes,- me miran:
mas no logro detener
el avance impertinente del porvenir en su retraso;
- vida de que me abstraigo -
canto de poesía desdeñable,
pero hay un hoy en adelante…

Alguien me espera
y no se dónde.
Nostálgica se precipita la onda:
que me ha estado espiando;
el café se evade
y ahora, ¿quién me acompaña?
Vagamente,
a traspiés se abalanza
sobre la existencia.

Aún no llega el desconocido,
¿por qué la noche se calla?
Alguien me espera,
alguien…

El lugar común

No hay lugar común, no existe.
Existimos simples y confiados
al lugar del enviado
al mensajero común
que con zapatos alados
que con zapatos sin sueños
es el mensajero:
es un paladín sentado
a la vera de su señor.

Y cuando lo común iconoclasta,
parásito del árbol antecedido lo esperable – aplasta,
un cruce de caminos se levanta,
un agobiador de la tinta en el oído,
abierto al fuego pero el desconocido:
dejando al cuerpo con la liviandad
que arranca la prisa
en su rincón violento, guarnecido,
creadora palmaria del sonido
que viene de adentro,
de lo desconocido
donde habita el tiempo – humano y débil
igual o parecido, simplemente común.

La noche

La noche es
cualquier cosa menos una intención,
es parpadeo, es lo contrario,
lo opuesto, es el remedio al miedo eterno,
que se eterniza en el mismo momento
en que estalla contra el cristal
la bomba de salitre y lava,
el modo fatal de la erupción
de portentosa medida
– que es la medida de todas las cosas.
La exacta medida.

10 Notas para un Catálogo

La intención plástica: la visión del detenimiento, lo inadvertido.
la retención del hombre en la materia:
se ensayan; se revelan -
música y poesía,
poesía y danza, danza y artes visuales, la visualidad y el llano de la armonía.
Cuando lo visual en la música se contiene, en esa
incestuosa revelación del pentagrama, infinito se baraja.
Ritmo y sonido y trampa.
El encuentro revierte lo imposible de la emanación de los fraseos,
vigorosos entrechoques de la a sí - mirada.
Cornucopia del lienzo redondeado,
improvisado remate.
¿Mirar a los ojos?, lo brusco: ¿significa?
En el solo interpretado, va el llanto todo:
del hombre solitario que quema la marea,
el hijo del obrero, el estudiante, el esteta; en un pueblo de la costa.
Va al golfo y el acantilado, donde el esclavo de Harlem espera por la historia
y le regala un tridente al océano sin dientes
movido de ambiciones.
Lo populoso y lo carente, lo alentado.
Y con la música de pobres, se le hiere al clasicismo, y le pudo nacer a uno, otro; más lejano, aprendió de la cadencia encadenada la actividad del sonido y el sonido que llena y se aproxima.

Consentimos,
la disposición de un cuadro junto a otros; en el contacto de un espacio con sus perspectivas.
Si no es igual un cuadro aislado en la pared que un costurero; la compañía del jazz o de las sonoridades formales de la coma;
entonces los sonidos son la manufactura
del ceremonial restaurativo:
de la comparsa.

Cuando: ´´El elemento fundamental sea la línea´´,
y nada más que la línea;
abocada al deshacimiento de la forma: y él pueda rito acomodarse,
al equilibrio de las verticales del ruido:
estampará un elemento que concatene,
la fijeza de corte- de la naranja-; como fuera una confirmación textual del etnotexto de la pulgada,
adonde traza, infernales, los asmáticos cortes de la respiración de la mano;
la rápida que la fotografía postra manía del enlace -cerebro y óptico aditamento;
y ahí vive con el suceso mental de la cigarrera,
repaso del tirante…
Aquí, invade; allá, serena.
Al margen de la tarde se suman los gigantes.
Es para la aguja de la mente un filtrarse de andadas
callejeras por los pelos doblados en la tela,
Y todos, son azules, en piel de madrugada
son uno y ellos mismos, son bardos que no salen
a estremecer la noche,
piensan en sol primado, en fa de lubricante.
Sobre un sereno cielo, una constelación de rayos,
se dejan como huellas de los pasos más extremos,
sepias jirones, carmines y violetas,
en el ritmo alborada se equilibran
como estatuas verticales que aun fueran a nacer del costado de un cemí jacarandoso, porfiado.

Cabezas inesperadas reparten
el foco de la vista internado en el ojo;
mezcla de blancos turbios, descuidados,
en grises del marrón enrojecido que
en la silueta del hombre, miran;
con ritmo,
el ascenso y el descenso del puñal
en la blanca base que se tiñe.
Irreverente la figuración en el lienzo se desliza,
la lectura composición recomienza en el oscuro

componedor de la negritud, que parece insistir
en ser silueta.
Sutilmente, sugerido… se traslada al fuego: a la idea del corazón común, siendo islas - la poesía
por las largas pestañas:
redondea.

A la gota que cae en el buril

A la gota
horneada entre las llamas
urgentes del sonrojo
cojean pies de palas
manchadas de salidas.

A la gota
no le teme no, la tez mojada:
con un morral de absolutos,
ni el gorrión, ni el abre-mundos;
porque así: cascada
le parpadean - salada
torcidas por el centro,
con un punzón de ramas:
las fibras en el cuerpo
- siempre mencionado.

La gota cae en porciones,
mojada,
secamente.

Le suda a la gota
el finisecular del embate del metal
o el filamento mineral
de una gota que otra gota.

La cascada

¿Y quién yo soy?
- dijo ella - Yo soy
la cascada que ya no heredarás
yo soy el viento que surcaba su frente
de finas horas de cristal,
yo soy la que un día
fuiste y ahora mírate
en el barro de la ciudad.

Yo

Yo con vivir amo,
con creer existo,
vivo y amo
y es suficiente.

Por el tiempo
invertido
en desamarrar
el camino.

Nos es dado
andar en versos:
pasajeros
de nosotros mismos.

La última oración y el primer desencanto

En el momento en que pronuncia:
cuando ultíme a la PALABRA
con la última oración:
habré visto al desencanto.
Encubando a las estrellas -
discernidas, todas ellas,
con la última oración
chamuscada por mis labios
en pronunciada ovación
del ultimátum.

Un poco de bondad lo justifica todo (Homenaje a Eliseo Diego)

Un poco de bondad lo significa todo
que no diera mi cuerpo por un poco
de bondad, cuando resuena el eco
atormentado del mar en las agujas vacías,
de un templo que ya está construido
por mis sueños, fabricante conocido
por sus torpezas y abandonos,
en el seco arroyo, en el seco espanto.
Que no diera por un arroyo rojo
y un silbato verde, por ser y no,
la tonadilla.

El museo fantasma viaja conmigo

Como una imagen de cine
la hortensia ya está muerta
yace entre los escombros de la gente
aunque allí sigue, ya nada queda
de su pasado, de sus costumbres.

Me atormenta, su muerte decretada
entre rivales lujos el oro se pudre y la fijeza
de envenado dardo entra en su sangre
el fantasma de su recuerdo no tiene forma:
es hijo de mi sueño y de otro tiempo,
es hijo de salones y no del narrador,
es hijo de los que ya no tuvieron sonidos
para mirar.

Entre cielo y tierra

Entre tierra y cielo solo hay arena,
la que arrastra hacia el desierto la playa ajena,
la arena de los comerciantes y los buscadores de sorpresas,
la que depara un extraño insulto a las aduanas imprevistas,
cuando simplemente se detiene, sin avanzar.

La isla remota

Creo en el barro
impotentes formas,
manipulables
por los Dioses
modelo al hombre
y le destino
garras y púas
como rosas
creo en barro
formas odiosas
que lo amenazan
no soy ni cruel
ni amoroso
asistente
soy el ayudante
el tímido
de Pandora
hacia atrás
no adelante
complemento
necesario
del creador
Prometeo.

Los versos que escribí hoy

Los versos que escribí hoy
no volverán
a nacer, ya no.
Los versos que tengo escritos no son poemas
son otra cosa
son diferentes estrofas, rimas o pares
de alas que me han cortado
son lo que me ha quedado de lo que no devolví.

Alexandros

No merecía morir yo en el campo de batalla
entre mi sino y el destino como Aquiles,
y estas corruptas fiebres que me aniquilan,
cobardemente me destruyen:
¿A quién dejaré mi imperio?
¿Qué trae mi sangre que no redime la culpa terrible
de hacer como Kronos
con el hijo de los tiempos?
¿Por qué voy, distante de mi patria, tan pronto a partir?,
hijo yo, de Zeus, como mi madre de Epiro,
¿Qué cobarde culpa expío?
Ya no podré a plena luz, sobre mi caballo,
destronar más sátrapas.
Hoy hasta Darío me ha superado.
Mirad como muero, valientes de otras épocas,
como un anciano en su cama
rodeado de perros avarientos y de generales que me suceden.
Mirad, fíjense bien, y no crean
que en la gloria hay gloria posible. Conmigo se va mi
imperio, conmigo y con mis secretos, homicida de mi
padre homicida de mí mismo dirán todos que fui.
Y aquí, lejos de mi amada Macedonia, odiado y venerado, como
un dios de los mortales
mis últimos suspiros extiendo al áurea inmortal que
me levanta del lecho para convertirme
en el sepulturero de mi tiempo.
Yo que glorioso pasé por Dardanelos, que a la India
conquisté y hasta seduje a enemigos–
en cama, como un inútil devorador de imperios
voy a dejar a mi pueblo a merced de los ambiciosos
que atraje a mi servicio y que quizás sean los ejecutores
de la levedad de que me aquejo.

Yo, Alexandros.

El paisaje

El paisaje es otra razón, el paisaje tiene vida propia, no es solo el canto del ave, o la inspirada roca durmiente en el sepulcro de las olas del mar. El paisaje es una emanación de la fe ciega del hombre en sí mismo, rodeado por sus caprichos, arropándose como una sierpe en el oscuro cuerpo de la desesperanza. El paisaje no es nosotros como especie, es una civilización que se hunde en su desidia.

La manía de entretejernos en todo,
y de no ver.
Simplemente olvidar que el paisaje y el pasado tienen su propio tiempo,
su propia lejanía.

Poemas en Italiano
Poesie riadattate all'Italiano

Sconosciuta

Come la fine di una linea
di una frase che non c'è
cade un segno.

Un segno
completamente legato
al tema finale.

Tra il sogno e il giorno

Fino a ieri non ti conoscevo.
Oggi, è lo stesso lungo giorno
che interferisce con un'attesa
profonda e oscura,
ritardata dal mistero
di Demetra, dalla tormentosa
paura di allontanare i sogni
quando i giorni svaniscono,
uno ad uno, al morire del sole.

Il tramonto

Inclina la spalla di un anziano che sonnecchia
oscurità, mormorio delle radici.
Dalla luna rossa
accompagna le comete.
Il cielo, codardo di utopie,
ritarda i vortici
di una stella colpevole, pennellate maldestre.
La luna si ritira e allaccia le pantofole,
scialle nero sulla spalla, prepara un rituale
abbacinata dalle saette, la pioggia la acceca.
Inebria il pomeriggio.
E si allontana dal mezzo
se questo non è il tramonto incastonato nella gioia,
chiedi al maestro gioielliere
dove sia andata l'aurora.

Controdanza del pomeriggio

In queste lunghe e bianche serate
- serate assorte in se stesse -
il dubbio avanza camminando.
Cede, nemica gigante,
che fiorisce nell'acqua.
Un noto scalatore, il signore dei ritardi:
semplicemente mente.

Spira nel vuoto
petto della stanza.
Scherza in modo inconsistente
assetato di violini
- tra il ritmo concordato
e il contrappunto di legno
che alla fine...
è sempre l'ombra della sua estensione.

Stazione fiorita. Giardini spostati

Fiorisce un acquazzone e tu non sei più verde,
né più vecchio,
né più sano di mente,
né più logico,
né più vigliacco o testardo;
sei un acquazzone senza remore,
incubato nel passato.
Un acquazzone codardo,
un bilancio bloccato,
una sfida che evita
per non perire in silenzio:
una scorciatoia nei disordini,
un centurione dell'abbraccio
che non fa caso alla morte,
di nastri e flaconi
comprando il prezzo
della goccia nel bicchiere,
di un viola moribondo.

Gli immortali coraggiosamente
tollerano la monotonia di essere uguali ogni giorno.

Età oscura

Età oscura
nel tempio
nella seguente c'è una ruota del ceramista
un'altra c'è quella di chi fila
nell'ultima c'è un pezzo di antica pergamena
in nessuna c'è uno scriba,
ma ci sono papiri e sospiri, lineare A e lineare C.
Non c'è una prima volta - non c'è una prima
non c'è loquacità, né primavera,
non c'è rinascita, né villaggio
in questa oscura età, oh Grecia;
né poesia, né stagno duro per litigare
con la sfera con cui altri
meno barbari ascolteranno l'attesa di Troia.

Incontro con la notte

Qualcuno mi aspetta
nella solitudine della notte,
qualcuno beve i miei passi
vigile e inconsapevole.
Qualcuno mi aspetta
nella luminosità dello spreco
con un buco di luce
subdolo nella sua onda.
Qualcuno che conosce
i miei passi,
che concepisce il mio ritardo
all'appuntamento col destino.
Bevo un caffè.
Ho un incontro rimandato.
Indifferenti, mi guardano:
ma non riesco a fermare
l'avanzare impertinente del futuro nel suo ritardo;
- vita dalla quale rifuggo -
canto di una poesia trascurabile,
ma c'è un domani…
Qualcuno mi aspetta
e non so dove.
Nostalgicamente l'onda si precipita:
mi ha osservato.
Il caffè sfugge
e ora, chi mi accompagna?
Vagamente,
inciampo nell'esistenza.
Ancora lo sconosciuto non è arrivato,
perché la notte tace?
Qualcuno mi aspetta,
qualcuno...

Il luogo comune

Non esiste un luogo comune, non c'è.
Esistiamo semplici e fiduciosi
nel luogo del messaggero
del messaggero comune
che con scarpe alate
che con scarpe senza sogni
è il messaggero:
è un paladino seduto
presso il suo signore.

E quando il comune iconoclasta,
parassita dell'albero precedente ciò che è prevedibile - schiaccia,
si erge un crocevia,
un oppressore dell'inchiostro nell'orecchio,
aperto al fuoco ma sconosciuto:
lasciando il corpo con la leggerezza
che toglie l'urgenza
nel suo angolo violento, protetto,
creatore palese del suono
che proviene dall'interno,
dall'ignoto
dove risiede il tempo - umano e debole
uguale o simile, semplicemente comune.

La notte

La notte è
qualsiasi cosa tranne che un'intenzione,
è un lampeggio, è il contrario,
l'opposto, è il rimedio alla paura eterna,
che si eternizza nello stesso istante
in cui esplode contro il vetro
la bomba di salnitro e lava,
il modo fatale dell'eruzione
di misura portentosa
- che è la misura di tutte le cose.
La misura esatta.

10 Note per un Catalogo

L'intenzione plastica: la visione del dettaglio, dell'inosservato.
La ritenzione dell'uomo nella materia:
Si sperimenta; si rivelano -
Musica e poesia,
Poesia e danza, danza e arti visive, la visualità e la semplicità dell'armonia.
Quando l'aspetto visuale nella musica viene controllato, in questa incestuosa rivelazione del pentagramma, l'infinito si mescola.
Ritmo e suono e inganno.
L'incontro ribalta l'impossibilità dell'emissione delle frasi, vigorose collisioni del guardarsi negli occhi.
Cornucopia del telaio rotondo,
un finale improvvisato.
"Guardare negli occhi?", la rudezza: cosa significa?
Nel solo interpretato, c'è tutto il pianto:
dell'uomo solitario che brucia la marea,
il figlio dell'operaio, lo studente, l'esteta; in un villaggio sulla costa.
Va verso il golfo e la scogliera, dove lo schiavo di Harlem aspetta la storia
e regala un tridente all'oceano senza denti
mosso da ambizioni.
Il popoloso e il privo, l'incoraggiato.
E con la musica dei poveri, si colpisce il classicismo, e può nascere uno, un altro; ancora più lontano, ha imparato dalla cadenza concatenata l'attività del suono e il suono che si riempie e si avvicina.
Concediamo,
la disposizione di un quadro accanto agli altri; nel contatto di uno spazio con le sue prospettive.

Se un quadro isolato sulla parete non è lo stesso di un cestino da cucito; l'accompagnamento del jazz o delle sonorità formali della virgola;
allora i suoni sono la fabbricazione
del rituale riparatore:

della compagnia.

Quando: "L'elemento fondamentale sia la linea",
e nient'altro che la linea;
dedicata alla scomposizione della forma: e lui può adattarsi al rituale,
all'equilibrio delle verticali del rumore:
stamperà un elemento che connette,
la stabilità del taglio - dell'arancia -; come se fosse una conferma testuale dell'etnotesto del pollice,
dove traccia, infernali, i tagli asmatici della respirazione della mano;
il veloce che la fotografia prostra alla mania del collegamento - cervello e ottica
accessorio;
e lì vive con l'evento mentale del tabacco,
revisione del tirante...
Qui, invade; là, serena.
In margine alla sera si uniscono i giganti.
È per l'ago della mente un infiltrarsi attraverso
strade per capelli piegati nella stoffa,
E tutti loro sono blu, nella pelle dell'alba,
sono uno e sono se stessi, sono bardi che non escono
a scuotere la notte,
pensano al sole primordiale, al fa del lubrificante.
Su un cielo sereno, una costellazione di raggi,
sono lasciati come impronte dei passi più estremi,
strappi seppia, carminio e violetto,
nel ritmo dell'alba si bilanciano
come statue verticali che sembrano nascere dal fianco di un
“cemí jacarandoso”, ostinato.

Teste inaspettate distribuiscono
il focus della vista intrappolato nell'occhio;
una miscela di bianchi opachi, trascurati,
in grigi marrone-rossiccio che
nella silhouette dell'uomo, guardano;
con ritmo,

l'ascesa e la discesa del coltello
nella base bianca che si colora.
La figurazione irriverente si muove sul telaio,
la lettura della composizione ricomincia nell'oscurità
compositrice della negritudine, che sembra insistere
nell'essere una silhouette.
Sutilmente, suggerito... si sposta al fuoco: all'idea del cuore co-
mune, essendo isole - la poesia
per le lunghe ciglia:
rotondo.

Alla goccia che cade sul bulino

La goccia
cotta tra le fiamme
urgentemente infuocate dal rossore
zoppicano piedi di pale
sporchi di partenze.

La goccia
non teme affatto, la pelle bagnata:
con uno zaino di assoluti,
né il passero, né l'apri-mondi;
perché così: cascata
le sfavillano - salate
piegate al centro,
con un punteruolo di rami:
le fibre nel corpo
- sempre menzionate.

La goccia cade a pezzi,
bagnata,
in modo asciutto.

La goccia suda
alla fine secolare dello scontro del metallo
o al filamento minerale
di una goccia che diventa un'altra goccia.

La cascata

E chi sono io?
- disse lei - Io sono
la cascata che non erediterai più,
io sono il vento che solcava la tua fronte
con sottili ore di cristallo,
io sono quella che un giorno
eri e ora guardati
nel fango della città.

Io

Io amo vivere,
con credere esisto,
vivo e amo
ed è sufficiente.

Per il tempo
speso
a sciogliere
la strada.

Ci è dato
camminare in versi:
passeggeri
di noi stessi.

L'ultima frase e la prima delusione

Nel momento in cui pronuncia:
quando metterò fine alla PAROLA
con l'ultima frase:
avrò visto la delusione.
Incubando le stelle -
tutte distinte,
con l'ultima frase
bruciata dalle mie labbra
in una pronunciata ovazione
dell'*ultimatum.*

Un po' di bontà giustifica tutto
(Omaggio a Eliseo Diego)

Un po' di bontà significa tutto
cosa non darebbe il mio corpo per un po'
di bontà, quando risuona l'eco
torturato dal mare tra gli scogli vuoti,
di un tempio già costruito
nei miei sogni, fabbricante noto
per le sue goffaggini e abbandoni,
nel letto asciutto, nella paura secca.
Che non darei per un ruscello rosso
e un fischio verde, per essere e non essere,
la canzoncina.

Il museo fantasma viaggia con me

Come un'immagine cinematografica
l'ortensia è già morta
giace tra le macerie della gente
anche se è ancora lì, non rimane più niente
del suo passato, delle sue abitudini.

Mi tormenta, la sua morte decretata
tra rivali lussi l'oro marcisce e la fissità
di un dardo avvelenato penetra nel suo sangue
il fantasma del suo ricordo non ha forma:
è figlio del mio sogno e di un altro tempo,
è figlio di sale e non del narratore,
è figlio di coloro che non hanno più avuto suoni
per guardare.

Tra cielo e terra

Tra terra e cielo c'è solo sabbia,
quella che il mare strappa dalla spiaggia altrui,
la sabbia dei commercianti e dei cercatori di sorprese,
quella che riserva uno strano insulto alle dogane impreviste,
quando semplicemente si ferma, senza progredire.

L'isola remota

Credo nell'argilla
forme impotenti,
manipolabili
dagli dèi
modello per l'uomo
e gli destino
artigli e spine
come rose
credo nell'argilla
forme odiose
che lo minacciano
non sono né crudele
né amorevole
un assistente
sono l'aiutante
il timido
di Pandora
indietro
non avanti
un complemento
necessario
del creatore
Prometeo.

I versi che ho scritto oggi

I versi che ho scritto oggi
non torneranno
a nascere, mai più.
I versi che ho scritto non sono poesia
sono qualcos'altro
sono diverse strofe, rime o coppie
di ali che mi hanno tagliato
sono ciò che mi è rimasto di ciò che non ho restituito.

Alexandros

Non meritavo di morire sul campo di battaglia
tra il mio destino e la sorte come Achille,
e queste febbri corrotte che mi annientano,
vigliaccamente mi distruggono:
A chi lascerò il mio impero?
Cosa porta il mio sangue che non redime la terribile colpa
di agire come Crono
con il figlio dei tempi?
Perché sto partendo così presto, lontano dalla mia patria, figlio mio, di Zeus, come mia madre dall'Epiro,
Che codarda colpa sto espiando?
Non potrò più a piena luce, sul mio cavallo,
destituire più satriapi.
Oggi persino Dario mi ha superato.
Guardate come muoio, valorosi di epoche passate,
come un anziano nel suo letto
circondato da cani affamati e da generali che mi succedono.
Guardate, osservate bene, e non crediate
che nella gloria ci sia gloria possibile. Con me se ne va il mio impero, con me e con i miei segreti, assassino di mio padre, assassino di me stesso, diranno tutti che sono stato.
E qui, lontano dalla mia amata Macedonia, odiato e venerato, come un dio tra i mortali
sto esalando gli ultimi sospiri verso l'immortalità dorata che mi alza dal letto per farmi diventare
il becchino del mio tempo.
Io, che gloriosamente ho attraversato i Dardanelli, che ho conquistato l'India e ho sedotto persino nemici -
a letto, come un inutile divoratore di imperi
lascio il mio popolo alla mercé degli ambiziosi
che ho attirato al mio servizio e che forse saranno gli esecutori dell'inerzia di cui mi lamento.

Io, Alexandros.

El paesaggio

Il paesaggio è un'altra ragione, il paesaggio ha una vita propria, non è solo il canto dell'uccello o la roccia ispirata che dorme nella tomba delle onde del mare. Il paesaggio è un'emanazione della fede cieca dell'uomo in se stesso, circondato dai suoi capricci, avvolto come un serpente nel buio corpo della disperazione. Il paesaggio non è noi come specie, è una civiltà che affonda nella sua apatia.

La mania di intrecciarci in tutto,
e di non vedere.
Semplicemente dimenticare che il paesaggio e il passato hanno il loro proprio tempo,
la loro propria lontananza.

Biografía de la Autora

Madelín Zeida

Investigadora independiente, periodista cultural, poetisa y ensayista cubana. Es autora desde enero de 2022 de la revista digital Meer. Licenciada en Estudios Socioculturales magna cum laude, entre sus primeras publicaciones está en el años 2015 “El hallazgo permanente: la cubanidad en la poética de José Lezama Lima”.

Biografia dell’Autrice

Madelín Zeida

Ricercatrice indipendente, giornalista culturale, poetessa e saggista cubana. Autrice della rivista digitale Meer dal gennaio 2022. Ha conseguito una laurea in Estudios Socioculturales magna cum laude. Tra le mie prime pubblicazioni risale al 2015 "La scoperta permanente: la cubanità nella poesia di José Lezama Lima".

www.ingramcontent.com/pod-product-compliance
Lightning Source LLC
LaVergne TN
LVHW010500160826
845677LV00012B/2578

* 9 7 9 1 2 5 4 9 7 1 0 9 3 *